Barcos

Julie Murray

Visit us at www.abdopublishing.com

Published by Abdo Kids, a division of ABDO, PO Box 398166, Minneapolis, Minnesota 55439.

Copyright © 2015 by Abdo Consulting Group, Inc. International copyrights reserved in all countries. No part of this book may be reproduced in any form without written permission from the publisher.

Printed in the United States of America, North Mankato, Minnesota.

072014
092014

 THIS BOOK CONTAINS RECYCLED MATERIALS

Spanish Translators: Maria Reyes-Wrede, Maria Puchol

Photo Credits: Shutterstock, Thinkstock

Production Contributors: Teddy Borth, Jennie Forsberg, Grace Hansen

Design Contributors: Dorothy Toth, Laura Rask

Library of Congress Control Number: 2014938863

Cataloging-in-Publication Data

Murray, Julie.

[Boats. Spanish]

Barcos/ Julie Murray.

p. cm. -- (Medios de transporte)

ISBN 978-1-62970-372-5 (lib. bdg.)

Includes bibliographical references and index.

1. Boats--Juvenile literature. 2. Spanish language materials—Juvenile literature.   I. Title.

623.82--dc23

2014938863

Contenido

Barcos

Los barcos van por el agua. Se
usan en lagos, ríos y océanos.

4

Partes de un barco

La parte de abajo de un barco es el casco. El frente del barco es la proa. La parte de atrás es la popa.

proa

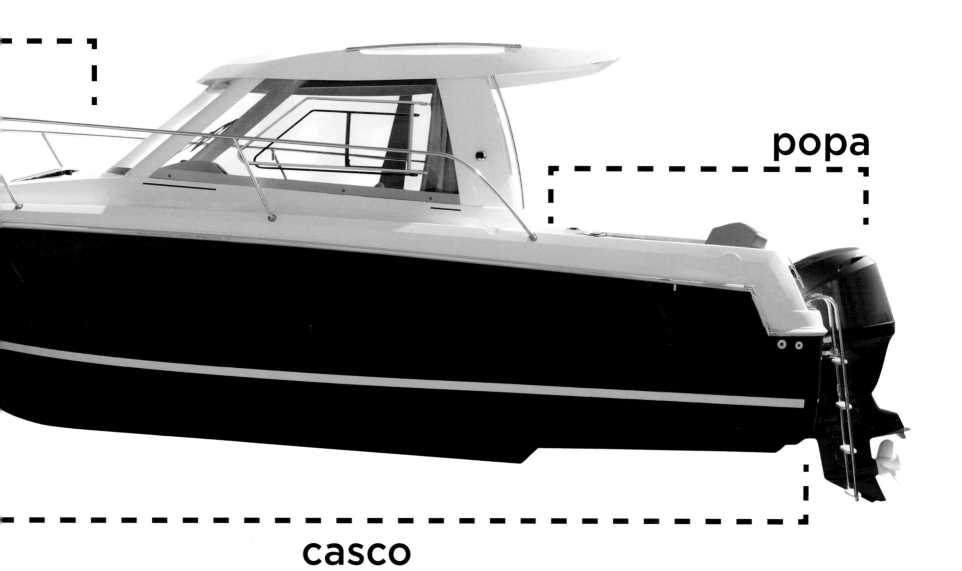

popa

casco

7

Diferentes tipos de barcos

Hay muchos tipos de barcos.

Los barcos se pueden usar

para viajar, pescar o

simplemente divertirse.

9

Las **lanchas** pueden ser de diferentes tamaños. Se pueden usar para pescar, hacer esquí acuático o pasear.

Los grandes barcos pesqueros usan redes para pescar. Se pueden quedar en el mar durante semanas.

13

Los barcos de carrera van muy rápido. ¡Algunos pueden ir a 150 mph (240 km/h)!

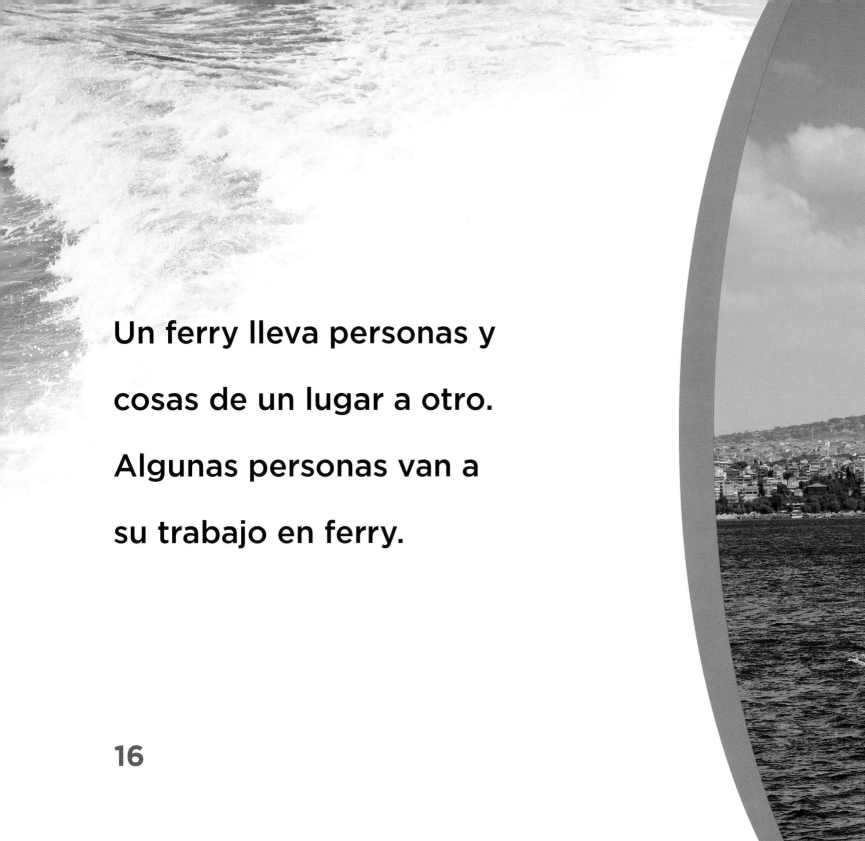

Un ferry lleva personas y cosas de un lugar a otro. Algunas personas van a su trabajo en ferry.

16

ŞH - BEYKOZ
İSTANBUL
3M

IMO 9466843

17

Los veleros tienen velas grandes que se mueven con el viento. Se cambia la dirección del barco moviendo el **timón**.

Usar kayaks y canoas es divertido. Se usan **remos** para mover estos barcos.

20